www.ingramcontent.com/pod-product-compliance
Lightning Source LLC
Chambersburg PA
CBHW030722220526
45463CB00005B/2138
9781653144952